Couvertures supérieure et inférieure
manquantes

AUTREI·VILLA

LU

A LA SÉANCE ARCHÉOLOGIQUE DE NOYON

LE 8 OCTOBRE 1867.

NOYON.
TYPOGRAPHIE ET LITHOGRAPHIE D. ANDRIEUX,
5, RUE DU NORD, 5.

1868.

AUTREIVILLA.

*Constat quidem similitudine nominum,
in locorum investigatione, vix ullum esse
argumentum levius, ullum fallacius.*
(*Hadriani Valesii Notitia Galliarum*, p.
556).

En l'année 867, le 18 octobre, Charles-le-Chauve
signa une charte, datée d'*Autreivilla, palatio regio*
(*D. Bouquet*, t. VIII, p. 604).

M. Déprez, ancien géomètre-arpenteur à Laon, dé-
posa, en 1855, aux archives de l'Aisne, un parchemin du IXe siècle, contenant l'original, ou au moins
une copie presque contemporaine, de cette charte.

La découverte de ce précieux monument, reproduit
avec fidélité par les presses lithographiques de M. Pa-
pillon, de Vervins, provoqua ou réveilla l'attention
des archéologues sur *Autreivilla*. Le savant archiviste
du département de l'Aisne, M. Matton, fut heureux
d'y reconnaître une métairie royale appartenant au
Laonnois, oubliée dans la Diplomatique de Mabillon,
et placée à tort par D. Bouquet à Orville. L'analogie
qui existe entre *Autreivilla* et *Autreville*, jointe à la
mention de Barisis et de plusieurs autres localités
voisines d'Autreville, parut une preuve irrécusable en
faveur d'Autreville (*Hist. de Barisis-aux-Bois*, p. 15.
— *Bull. de la Soc. acad. de Laon*, t. VI, p. 275).

Cette opinion a été accueillie avec faveur au sein
du Comité archéologique de Noyon, et appuyée de
nouvelles preuves par MM. Peigné-Delacourt, De-
marsy, Hardouin, Marville (*Bull.*, t. Ier, p. 50, 51, 52,
62 et 72. — *Supplém. aux Recherches sur Noviodunum*,
p. 66. — *Recherches sur les lieux où s'est arrêté Charles-le-Chauve en 867*, p. 8).

Grâce à ce puissant patronage, Autreville put prétendre, non-seulement au *Palatium regium* de la

charte de 867, mais encore à l'*Odreia villa* des Capitulaires, et à l'*Audriaca villa* des Diplômes et des Annales. Orville néanmoins, conserva quelques suffrages en faveur de son droit sur *Audriaca villa.*

Malgré tant d'imposantes autorités, après une étude sérieuse, je pense qu'*Autreivilla, Odreia villa, Audriaca villa* et quelques autres variantes, représentent un seul et même lieu, et que ce lieu est Orville.

En venant émettre une opinion, conforme sous certains points de vue, contraire pour le fond, à celle de vénérés et bien-aimés collègues, je déclare avec empressement que je dois une grande partie de mon travail à leurs propres recherches, et que ce sont elles qui m'ont conduit le plus souvent aux sources auxquelles j'ai puisé.

Déjà j'emprunte à M. Peigné-Delacourt et un peu à M. l'abbé Bourlon et à D. Germain, une description des deux localités qui sont ici mises en présence.

ORVILLE ou ORREVILLE, situé entre Amiens et Arras, à six lieues de cette dernière ville, sur la rivière d'Authie, à l'est de Doullens, offre toutes les conditions requises pour une résidence royale : proximité de deux voies romaines, l'une d'Amiens à Arras, l'autre d'Amiens à l'ancien Thérouenne ; lac immense, appelé dès l'an 659, *lacus dominicus*, c'est-à-dire lac du domaine, dont une partie porte encore le nom de *la Pescherie ;* enfin vastes forêts, qui s'étendaient au loin dans la direction d'Arras (*Suppl. aux Recherches*, p. 71. — *Mém. de la Soc. des Antiq. de Pic.*, t. IV, p. 304 et suiv., et t. IX, p. 83. — *De re diplom.*, p. 306. — *Gall. Christ.*, t. X, p. 281).

AUTREVILLE est un petit village du Laonnois, situé en face de Chauny, à côté de Sinceny. M. Peigné-Delacourt a découvert, sur le territoire actuel de Sinceny, à peu de distance de la limite de celui d'Autreville, et sur le bord de la forêt dite aujourd'hui *forêt basse de Coucy*, des vestiges remarquables, qu'il a décrits avec des détails très-intéressants, et qu'il regarde comme l'emplacement du *Palatium Autreivillæ*. C'est une enceinte quadrilatère, de 130 mètres de longueur, sur 60 mètres de largeur, entourée et divisée par un fossé large et profond ; véritable forteresse, qui porte le nom de *grande et petite loges*. Dans le chemin vert, dit *des Loges*, qui borde cette enceinte, il est impossible, pour l'observateur expérimenté, de méconnaître une ancienne voie des époques mérovingienne et carlovingienne (*ibid.*, p. 73 et suiv.).

Tels sont les deux prétendants à l'honneur de représenter *Autreivilla*. J'ai indiqué mon choix. Pour le justifier, il me faut rapporter et examiner, en suivant l'ordre chronologique, tous les textes qui offrent quelque variante d'*Odreia villa*. L'*Autreivilla* de la charte de 867 sera discuté à son tour de date. Ce travail aura au moins l'avantage de présenter un recueil à peu près complet des documents historiques qui intéressent la question.

---

769. — Le premier document qui se présente est un diplôme de Charlemagne, de l'année 769, en faveur de l'abbaye de Corbie, daté d'*Audriaca villa* (*Patrologie de Migne*, t. xcvii, col. 916. — *De re diplom.*, p. 306). Il se signe sans difficulté à Orville, peu distant de Corbie.

En 798, Gisèle, sœur de Charlemagne, donne à l'abbaye de St-Denys un bien situé *in Hodricto in pago Adratinse* (*Patrol.*, t. XCVII, col. 984). Peut-être faudrait-il lire *Hodrieio*, qui est la même chose que *Hodriaco*. Dans tous les cas, ce nom d'un lieu situé dans le pays d'Arras, semble bien se rapporter à *Audriaca*, qui, en conséquence, se trouverait placé dans l'Artois, et non dans le Laonnois.

814-826 ? — La villa *Audriaca* a appartenu pendant

quelque temps à l'abbaye de Corbie ; et ensuite, sous Louis-le-Débonnaire, et pendant l'administration de saint Adalard, elle retourna au fisc royal, au moyen d'un échange.

Ces deux faits se trouvent révélés dans une charte rapportée par D. Grenier, au t. LIIIe de sa collection, p. 13 : *Dedit... venerabilis Adalardus de rebus monasterii sui... ad jus fisci nostri, id est Audriacam villam, per nostram datam licentiam, in pago illo, in loco nuncupante illo...* etc.

La position d'*Audriaca villa* n'est pas ici expressément déterminée ; mais la possession momentanée de ce lieu par l'abbaye de Corbie nous fait penser naturellement à Orville.

814-840? — Eginhard, dans sa lettre 52e, sans date, recommande à un prêtre et à un vidame, qu'il ne nomme pas, et qui paraissent être le prêtre Liutard, et le vidame Erembert, nommés dans la lettre 12e, de préparer des Eulogies pour un prince dont le nom est seulement indiqué par les initiales *IIL*, lesquelles peuvent convenir à *IILudovicus*, Louis-le-Pieux, ou à *IILotarius* son fils aîné, et pour son épouse, et de les présenter, lorsque ce prince reviendra *de Audriaca villa ad Compendium (Patrol.,* t. CIV col. 531).

Quoique Autreville soit plus proche de Compiègne, on conçoit aussi facilement, de la part du prince, un retour d'Orville à Compiègne. Et même la circonstance de présents d'honneur, offerts au retour d'un voyage, supposerait plutôt une distance raisonnable.

En 865, Charles-le-Chauve, au milieu de septembre, part de Pistes, près de Rouen, va chasser à *Odriaca villa*, et de là se rend à Cologne (*Ann. Bertin.*).

Il n'est nullement besoin de rechercher cet *Odriaca*

villa ailleurs qu'à Orville. A son retour, il est vrai, le roi passa par Quierzy, Compiègne, *Rosiacum* Senlis; mais il était parfaitement libre de partir par une voie, et de revenir par une autre.

De Pistes, près Rouen, à *Audriaca villa*, distance considérable, quel que soit ce dernier point, il existait sans doute une voie facile et fréquentée, une voie romaine peut-être; car nous reverrons encore deux fois le roi sur cette route, en 868 et 873.

867, 1er août. — Aux Calendes d'août 867, Charles-le-Chauve réside à Compiègne. De là, il convoque, au nom du pape Nicolas, un synode pour le 25 octobre, à Troyes; et il décide que lui-même demeurera, pour chasser et pour passer le temps de l'automne, dans l'abbaye de St-Waast, et dans une villa appelée *Audriaca*, et dans les environs : *Carolus synodum apud Trecas 8 Kalend. novembris, auctoritate Nicolai Papæ, indicit; et, causa venandi ac expendendi autumnale tempus, in Abbatia Sancti Vedasti, et in Audriaca villa ac circumcirca morari disponit (Ann. Bertin.).*

Le roi annonce un synode qui se tiendra à la fin d'octobre; et, en même temps, il désigne les lieux où il séjournera durant toute la saison d'automne.

La raison de ces dispositions est facile à saisir. Evidemment, Charles voulait signaler aux évêques, aux abbés et aux comtes la contrée dans laquelle on serait sûr de le trouver pour lui apporter directement des nouvelles du synode, ou pour toute autre affaire. Ce but ne pouvait pas être atteint, si le roi s'était proposé de séjourner, et s'il avait en effet séjourné, durant l'espace de temps indiqué, dans des lieux considérablement éloignés les uns des autres.

Les lieux désignés par lui, savoir *Abbatia Sancti Vedasti* et *Audriaca villa*, sont nécessairement deux centres ou foyers correspondants et rapprochés, d'une seule région de chasses. Si *Abbatia Sancti Vedasti* est

Saint-Wast d'Arras, *Audriaca villa* ne peut être Autreville, qui en est éloigné de plus de 25 lieues ; mais il convient à Orville qui est à peu de distance d'Arras.

Or, on ne peut douter que *Abbatia Sancti Vedasti* ne signifie l'abbaye de Saint-Wast d'Arras, avec le domaine qui l'entoure. Quand il existerait aux environs d'Autreville, ou ailleurs, quelque bien appelé sur place *fonds de Saint-Wast*, *villa de Saint-Wast* ou simplement *Saint-Wast*, jamais assurément un historien qui veut être compris, jamais surtout un avis officiel, qui a spécialement pour objet de fixer un point de rendez-vous, ne désignera, sous le nom d'abbaye de Saint-Wast, l'une des nombreuses dépendances, disséminées au loin, de cette abbaye. « Le nom de l'abbaye de Saint-Wast, » dit M. Peigné-Delacourt, sacrifiant une première idée avec ce désintéressement qui est le propre de la richesse scientifique, « le nom de « l'abbaye de Saint-Wast ne laisse aucun doute possible ; c'était bien à Arras que le roi s'était rendu. » (*Supplém.*, p. 68).

Il ne faut pas oublier que, l'année précédente, Charles, après avoir reçu des mains de son neveu, Lothaire, l'abbaye de Saint-Wast, n'en avait gardé pour lui que le chef-lieu et les principales dépendances, distribuant le reste à ses officiers : *Cætera quæque per quoscumque suos..... divisit* (*Ann. Bertin.* ann. 866). Le *Clos-Bove* ou le *Fonds de Saint-Wast*, dont il a été parlé, et que l'on montre à Amigny-Rouy, dans le voisinage d'Autreville, n'est qu'un pré de médiocre étendue, et ne peut pas figurer parmi ces villas choisies, que le roi s'était réservées.

Vaux-sur-Somme, au contraire, aujourd'hui du canton de Bray-sur-Somme, arrondissement de Péronne, était une dépendance importante de Saint-Wast d'Arras. Cette abbaye y possédait encore avant la Révolution les deux tiers de la dîme, ainsi que la seigneurie et des étangs considérables (*Paul Decagny, Arrondissement de Péronne* p. 236). Ce lieu est d'ailleurs situé précisément sur la ligne de Compiègne à Orville et à Arras. Aussi, le roi, quittant les environs de Compiègne, et prenant sa route pour aller passer l'automne et chasser *in Abbatia Sancti Vedasti et in Audriaca villa*, paraît le 5 septembre à Vaux-sur-Somme, et il y signe une charte : *Actum in villa Sancti Vedasti, quæ dicitur Vallis (D. Bouq., t. VIII).*

Le monarque abbé devait naturellement s'arrêter en passant dans cette importante villa de son abbaye. Mais là n'est pas le but de son voyage : pour accomplir son *ordre du jour*, il faut qu'il se rende et qu'il séjourne dans l'abbaye même de Saint-Wast, et *in Audriaca villa*. C'est à Arras, ou non loin d'Arras que toute affaire se règlera pendant l'automne.

Nous retrouverons, dans les mêmes Annales, sous l'année 873, un texte à peu près semblable, avec une circonstance qui déterminera la position d'*Audriaca villa* entre Amiens et Arras.

867, 18 octobre. — Charles-le-Chauve signe à *Autreivilla, Palatio regio*, une charte en faveur de l'abbaye de Saint-Amand, à la demande de son fils Carloman, abbé de ce monastère. C'est la charte même qui est l'occasion et l'objet principal de tout ce travail.

Il importe d'abord d'écarter toute espèce de doute sur la date de cette charte. L'année indiquée est bien 867, et non 868, comme on l'a dit quelque part. Mois d'octobre, indiction première, année xxviiie du règne : toutes ces indications s'accordent dans l'année 867. L'indiction première appartient, il est vrai, pour ses huit derniers mois, à l'année 868; mais elle a commencé en septembre, et par conséquent le mois d'octobre de cette indiction tomba en 867. Telle est, en effet, l'année marquée par le bénédictin D. Bouquet.

Sur le dos du parchemin déposé par M. Déprez, on lit : *Præceptum domni Karoli Imperatoris.* Le ~~mot~~ *Im-*

peratoris, quoique impropre, ne doit pas faire une difficulté; car il ne paraît que dans le titre extérieur; et ce titre a pu être ajouté quelques années plus tard, par le notaire lui-même, ou par l'archiviste du monastère, lorsque Charles avait en effet la qualité d'empereur, de 875 à 877. Ou bien, comme l'écriture du titre est absolument semblable à celle du corps de la charte, on peut dire que le tout est une copie authentique, délivrée à cette dernière époque. Dans l'intérieur, aux côtés du monogramme de Charles, on lit : *Signum Karoli gloriosissimi* REGIS. Carloman, qui figure dans cette charte, mourut en 873.

La charte signée à *Autreivilla* est donc contemporaine du séjour de Charles-le-Chauve à *Audriaca villa.* Si *Audriaca villa* du texte précédemment expliqué doit être cherché auprès d'Arras, *Autreivilla* du diplôme ne peut être trouvé ailleurs.

Le roi a annoncé qu'il passerait l'automne de 867 *in Abbatia Sancti Vedasti et in Audriaca villa ac circumcirca.* Le 18 octobre, au cœur de l'automne, il doit donc se trouver, ou *in Abbatia Sancti Vedasti,* ou *in Audriaca villa,* ou *circumcirca.* Autreville est tout à fait en dehors de ce périmètre; il ne peut donc être ni l'*Audriaca villa* des Annales, ni l'*Autreivilla* du diplôme. Orville, au contraire, est placé à point pour représenter à la fois l'un et l'autre. On verra plus loin l'harmonie qui existe entre ces noms, disparates en apparence : *Orville, Audriaca villa* et *Autreivilla.*

J'aborde tout de suite l'objection la plus séduisante en faveur d'Autreville. « On sait, » dit M. Peigné-« Delacourt, « que l'attention des rois est naturelle-« ment portée vers les choses qui intéressent les lieux « à proximité de leur séjour momentané; or, les lieux « ainsi octroyés sont tous au voisinage de Barisis ou « d'Autreville. » (*Ibid.,* p. 72)

Il est bien aussi fait mention, dans cette charte, de *Domnevert* situé auprès de Tournay; mais j'avoue qu'il s'y agit surtout de biens situés dans le voisinage d'Autreville, et que cette circonstance fournit une forte présomption en faveur de ce dernier lieu.

Cependant, j'opposerai une observation. Pour déterminer le lieu où une donation a été signée, il faut considérer, non-seulement la situation des biens donnés, mais aussi et surtout la demeure du donataire. Car les biens donnés peuvent être situés à une grande distance du lieu où se fait la donation. *Ordinairement* c'est la demeure du pétitionnaire ou l'établissement donataire, qui se trouve à proximité du séjour momentané du donateur.

Dans le cas présent, la donation est faite en faveur des moines de Saint-Amand, près de Tournay. Carloman, abbé de ce monastère, voulant présenter une demande au roi, a profité de sa présence à Arras et dans les environs. Le monastère de Saint-Amand, éloigné d'Autreville, est plus à proximité d'Arras et d'Orville.

L'existence d'un Autreville à côté des biens mentionnés dans la charte du 18 octobre, n'est donc pas un motif suffisant pour identifier cet Autreville avec l'*Autreivilla* où la charte a été signée.

La nature même de ces biens, situés près d'Autreville, prouverait qu'Autreville n'était pas un palais royal. J'y vois figurer 50 bonniers de forêts, puis 30 bonniers, puis une quantité dont le chiffre est absent, puis encore 2 bonniers, total, plus de 82 bonniers de forêts. Si le bonnier valait 128 ares, c'est plus de 105 hectares de forêt donnés précédemment au monastère, et séparés alors de la part de l'abbé, pour être affectés à l'usage particulier des moines. Il n'est pas probable que des rois Carlovingiens aient fait de pareilles concessions aux environs de l'un de leurs palais de Chasse. *(V. Bull. du Com. de Noyon, t.* 11*, p.* 397 *et* 398*)*.

Si l'examen de cette première charte laisse encore quelque obscurité, l'étude de la suivante, signée dans le même mois d'octobre, également à *Autreivilla, Palatio regio*, et à laquelle les amis d'Autreville ne paraissent pas avoir prêté attention, achèvera de dissiper tous les doutes.

867, 30 octobre. — A la fin de ce même mois d'octobre, toujours dans le temps pendant lequel Charles a annoncé qu'il séjournerait et qu'il chasserait *in Abbatia Sancti Vedasti et in Audriaca villa ac circumcirca*, quelques jours après l'ouverture du synode de Troyes, et au moment ou le roi attendait les messagers de ce synode, il signe, encore à *Autreïvilla, Palatio regio*, une seconde charte en faveur de l'abbaye de Saint-Wast, d'Arras.

Cette fois, les biens mentionnés, comme l'établissement donataire, sont voisins d'Orville, et n'ont aucun rapport à Autreville.

Une troupe de moines venus du monastère d'Arras présente au roi une supplique : *Caterva monachorum ex monasterio, quod vocatur Nobiliacus* (on sait que *Nobiliacus* est l'ancien nom du monastère d'Arras), *ubi pretiosus confessor Christi Vedastus corpore quiescit..., efflagitati sunt,* etc.

On conçoit qu'une troupe de moines soit venue d'Arras jusqu'au palais d'Orville pour saluer, complimenter et supplier leur royal abbé; mais, est-il vraisemblable qu'elle se serait émancipée jusqu'à courir d'Arras à Autreville?

Il est question, dans la Charte, d'un lieu que l'on déclare situé auprès du monastère même d'Arras: *Novavilla juxta monasterium ipsum sita* ; c'est Neuville-Saint-Wast. Il y est aussi parlé de Vaux-sur-Somme, qui n'est pas loin d'Orville, *Valles super fluvium Summam ;* d'Athies, *Atheias* (c'est évidemment Athies, près d'Arras, autre que Athies en Vermandois); de Berneville, *Bernevillam,* encore situé près d'Arras, du côté d'Orville, etc.

Toutes les indications concourent ici pour déterminer le séjour du Roi auprès d'Arras ; par conséquent, ni l'*Autreïvilla* de cette charte, ni celui de la charte précédente, ni l'*Audriaca villa* des Annales ne peuvent être placés à Autreville en Laonnois.

867, 7 décembre. — Mon honorable collègue et ami, M. Marville, m'arrête ici en prononçant un nom qui m'est cher : QUIERZY, où Charles-le-Chauve signe une nouvelle charte, le 7 décembre 867 *(D. Bouq., t. VIII)*, n'est-il pas placé, à l'égard d'Autreville, dans ces *circumcirca* que le Roi a désignés autour d'*Audriaca villa ?*

Quierzy, je le regrette, n'a rien à voir dans cette affaire. Car c'était pendant l'automne que le Roi avait résolu de demeurer *in Audriaca villa ac circumcirca.* En dehors de cette saison, le séjour de Charles en tel ou tel lieu n'a plus de nécessité de voisinage avec *Audriaca villa.* Or, d'après le langage et l'usage de l'époque, au 7 décembre, la saison d'automne était passée, les chasses d'automne étaient terminées, et l'on était déjà entré depuis plusieurs jours, dans la la saison d'hiver. Ceci demande quelques explications.

Il a paru nécessaire aux astronomes de reculer successivement le commencement des saisons, et de le fixer enfin aux deux solstices et aux deux équinoxes. Ils ont eu sans doute de bonnes raisons pour cela. Mais les anciens, n'envisageant que la cause de la plus grande chaleur et du plus grand froid, et ne tenant pas compte du retard de l'effet, se croyaient au milieu de l'été, quand le soleil est monté à son plus haut point, et au milieu de l'hiver, quand cet astre est descendu au plus bas. Bède, dans son livre *De Temporibus, chap.* 8, affirme que les anciens plaçaient les saisons de manière que les solstices et les équinoxes se trouvassent au milieu de la durée de chacune d'elles : *Hæc autem (tempora) antiqui septimo ante Idus Februarias et Maias Augustasque et Novembres inchoabant, ut Solstitia et Æquinoctia in medio essent temporum (Patrol. T. XC, col. 283).*

Cependant, à l'époque de saint Isidore de Séville, qui vivait un siècle avant Bède, les saisons avaient déjà été reculées, et l'automne courait du 23 août au 25 novembre : *Autumnus sumit principium Decimo*

Kalendas Septembris, hiems inchoat Septimo Kalendas Decembris. (De natura rerum, c. 7, n° 5. — Patrol., t. LXXXIII, col. 975).

Au temps de Charles-le-Chauve, cette manière de compter était encore en usage, puisqu'elle subsistait longtemps après lui, ainsi qu'il paraît par ce double vers, que Ducange nous a conservé au mot *Autumnus*, et qu'il a tiré de Lindvood, jurisconsulte anglais du XVe siècle;

Dat Clemens Hiemem, dat Petrus Ver Cathedratus,
Æstuat Urbanus, Autumnat Bartholomæus,

où nous apprenons que l'automne commençait à Saint-Barthélemy, c'est-à-dire au 24 août, et finissait à Saint-Clément, c'est-à-dire au 23 novembre.

Ainsi, au 7 décembre, le *tempus autumnale* avait, depuis quatorze jours, fait place au *tempus hiemale*. Les chasses, dites d'*automne*, étaient même ordinairement terminées avant le 23 novembre.

De toutes les chasses mentionnées dans la vie de Charlemagne, dans celle de Louis-le-Débonnaire, et dans les Annales Bertiniennes qui comprennent le règne de Charles-le-Chauve, aucune ne contredit par ses circonstances ma proposition ; et toutes celles pour lesquelles la saison d'automne est expressément marquée, et dont on connaît le terme, la confirment. J'en citerai seulement quelques-unes.

En 813, Charlemagne emploie à la chasse le reste de l'automne, et il est de retour à Aix-la-Chapelle, vers le 1er novembre : *Ipse, more solito, quamvis senectute confectus, non longe a Regia Aquensi venatum proficiscitur, exactoque in hujuscemodi negotio quod reliquum erat Autumni, circa Kalendas Novembris Aquisgrani revertitur. (Eginh. Car. Mag. Vita, c. 30).*

En 836, la chasse d'automne est close avant la Saint-Martin : *Imperator, autumnali venatione peracta, ad missam Sancti Martini Aquisgrani rediit, et hiemem ibidem exegit (Vie de Louis-le-Pieux, par l'Astronome. — Patrol., t. CIV, col. 971).*

En 870, Charles-le-Chauve a terminé la chasse

d'automne avant la fête de Saint-Denis, 9 octobre :
Carolus, peracta autumnali venatione, ad monaste-
rium Sancti Dionysii, festivitatem ipsius sancti cele-
braturus, perrexit. (Ann. Bertin).

Je ne prétends pas que les princes Carlovingiens
n'aient jamais chassé dans le mois de décembre; je
dis seulement que, lorsqu'une chasse est expressément placée dans la saison d'automne par un historien du IX⁰ siècle, cette chasse d'automne est toujours
terminée avant le 23 novembre, et que par conséquent rien n'autorise à prolonger au-delà de ce
terme celle de l'année 867.

Lors donc que le roi passa par Quierzy le 7 décembre, pour se diriger vers Reims et Auxerre, on ne
peut plus dire qu'il se trouvait encore dans les lieux
fixés pour sa chasse d'automne.

Si Quierzy avait apparu en temps opportun, il aurait pu prêter main-forte à Autreville ; mais, venu
hors de saison, il doit être mis hors de cause.

L'abbaye de S.-Wast transportée loin d'Arras, et
le sept décembre supposé en automne, étaient les
bases d'un système ingénieux, favorable à Autreville.
Ces bases supprimées, l'échafaudage s'écroule ; et il
ne reste debout que Saint-Wast d'Arras et Orville.

Je ne dois pas laisser sans réponse un argument
spécial. « L'ensemble de la phrase et de tout le para-
« graphe, » dit l'auteur de l'*Etude*, » respire l'inten-
« tion qu'a Charles de rester au plus près du lieu du
« concile qui se tient à Troyes le 25 octobre ; pour-
« quoi donc faire venir à Arras le prélat Actard qui
« devait lui apporter les actes de ce concile, avant de
« les porter au Saint-Siége ? » (p. 5, 7 *et passim.*)
Autreville est en effet moins éloigné de Troyes
qu'Arras ou Orville. Mais, à une pareille distance,
qu'importe le plus ou le moins ? Autreville n'est pas
plus qu'Orville ou Arras sur le chemin de Troyes à

Rome. Les messagers du synode , Actard et les autres évêques qui l'accompagnaient, ont été de Troyes à Charles, et de Charles au Pape, voilà tout. Si le roi avait été aussi empressé qu'on le suppose, d'avoir des nouvelles du synode, ce n'est pas aux environs d'Arras, ni à Autreville, qu'il aurait fixé le théâtre de ses chasses, mais dans quelque autre villa plus voisine de Troyes; à Ponthion, par exemple, qu'il a souvent visité, ou à Attigny. Ou bien encore, il aurait assisté en personne au synode de Troyes, ainsi qu'il le fera en 871, au synode de Douzy, dont les décisions furent également portées à Rome, et par le même Actard *(Ann. Bertin.)*.

Le roi donc a bien eu, il est vrai, le soin de désigner d'avance les lieux où les messagers du synode pourraient venir le trouver; mais rien ne montre qu'il ait eu le dessein exprès de se mettre à portée pour recevoir plus tôt ce message.

La ressemblance du nom actuel de la commune d'Autreville avec *Autreivilla*, qui ne paraît guère au premier abord correspondre à Orreville, a été sans doute la source première de l'opinion respectable que je cherche à détruire. Cette ressemblance, qui peut être fortuite, ne doit pas séduire des hommes habitués à manier des noms propres. Combien de fois n'ont-ils pas rencontré des noms de forme semblable, appartenant à des lieux distincts, et au contraire des noms tout à fait disparates convenant à un lieu unique ! Témoin les noms eux-mêmes qui nous occupent; puisque mes honorables adversaires croient devoir, dans certains cas, appliquer le même nom latin, *Audriaca villa*, à deux lieux, dont les noms français sont bien différents, *Orville* et *Autreville*, et, dans d'autres cas, appliquer deux noms latins, de formes diverses, *Audriaca villa* et *Autreivilla*, à un seul lieu, *Autreville*.

M. Marville fera observer que la forme *Audriaca villa* a été employée par des annalistes écrivant à distance de lieux inconnus pour eux, tandis que *Autreivilla*, inscrit dans deux autographes, rédigés et signés sur le lieu même, doit être la forme authentique, la forme la plus correcte. Mais combien de fois encore les noms de lieux, aussi bien que les noms de personnes, n'ont-ils pas été défigurés par les notaires, sur les lieux mêmes, et en face des personnes mêmes ! Je n'en chercherai pas d'exemples ailleurs que dans d'autres chartes de Charles-le-Chauve, où l'on voit : *Atravato* et *Atrebatis*; *Silvaico*, *Silviaco*, *Silvagio* et *Silvaco*; *Vermerigia* et *Vermeria*; *Camlimptum* et *Camliacum*, etc. (ann. 843, 850, 863, 870, 871).

Je pourrais donc, avec aussi bon droit, prétendre que *Audriaca villa*, reproduit souvent dans les annales, et aussi dans deux diplômes, est la forme pure, et *Autreivilla* la forme vicieuse.

L'argument de similitude, invoqué en faveur d'Autreville, perdrait sa valeur, si l'on pouvait établir, d'une manière certaine, que le nom primitif d'Autreville était *Hauteville*, nom justifié par la position de ce village sur un point culminant de la route de Chauny à Coucy, à vingt-cinq mètres au-dessus du niveau de la prairie de l'Oise.

M. Melleville, dans la nouvelle édition de son *Dictionnaire historique*, produit une charte de l'an 1018, par laquelle Richard, abbé de Saint-Amand, cède aux Religieux d'Hombrières : *Quamdam beati Amandi terram, in pago Laudunensi sitam, in loco qui dicitur Altavilla (Cart. d'Hombrières.)*

J'ai trouvé moi-même, dans une lettre du pape Eugène III, relative aux biens du monastère de Nogent, au milieu des noms de Folembray, de Champs, de Pierremande et de Bichancourt, *Altavilla*, qui désigne évidemment *Autreville (Chronique de Nogent,* p. 427.)

En 1153, dans l'acte de donation, par le chapitre de Saint-Quentin à l'abbaye de Longpont, des biens qu'il possédait aux environs de Chauny, on voit, à côté de *Chinchinick,* qui est Sinceny, *Altivillam,* qui ne peut être qu'Autreville *(Colliette, t. 2, p. 335.)*

En 1290, dans un accord entre la dame d'Herblaincourt et les religieux de Saint-Eloy-Fontaine, il est question de deux bornes placées *devers Béchencourt,* et de deux autres bornes placées *devers Autteville (Cart. de Saint-Eloy-Font.)*

On pourrait ajouter d'autres citations. Mais M. Marville fait observer avec raison, que le premier de ces documents peut se rapporter à *Hauteville,* situé dans le canton de Guise, à dix kilomètres d'Homblières; et que, quant aux autres, les copistes ou les éditeurs ont souvent négligé le signe abréviatif qui représentait *r* ou *er.* Je laisse donc de côté ce moyen, ne l'indiquant qu'à titre de renseignement; et je me conterai de dire que *Autreivilla, Audriaca villa* et *Orville* ne sont pas aussi étrangers entre eux qu'ils le paraissent.

Autrei ne se distingue d'*Audrei* ou d'*Odrei* que par de légères nuances d'écriture ou de son, *Odreia* et *Odriaca* sont les adjectifs équivalents au génitif *Odrei.*

Dans une foule de cas, la lettre *d,* et quelquefois la voyelle adjointe, qui figuraient dans le nom latin, ont disparu dans le nom vulgaire : *Audomarus* correspond à Omer, *Cadomus* à Caën, *Cadurci* à Cahors, *Codiciacum* à Coucy, *Credilium* à Creil, *Ludovicus* à Louis, *Rodium* à Roye, *Trudo* à Tron, *Vadum* à Vé, *Vedastus* à Vast, et cent autres de même.

Hadrien de Valois cite, dans le diocèse de Bourges, une rivière appelée nn latin *Utrio,* et en français *Orron (Not. Gall., p.* 179.)

Dans le Dictionnaire de Moreri, à l'article *Ory,* on dit que ce nom a été fait d'*Ordericus.*

La loi d'analogie nous conduit donc aisément de *Odr* à *Or*, d'*Odreivilla*, ou d'*Autreivilla* à *Orville*.

———————

Après avoir écarté le prestige du nom, oserai-je encore combattre le témoignage éloquent de ces magnifiques vestiges de palais Carolingien, découverts et signalés par notre honorable Vice-Président ?

D'abord, il n'est pas inutile d'observer que cette double motte, ces vastes fossés ne sont pas situés sur le territoire actuel d'Autreville, mais sur celui de Sinceny, en face du territoire de Pierremande, et à 300 mètres environ de celui d'Autreville. Il n'est pas prouvé ni probable que la limite entre ces trois anciennes paroisses ait été changée; d'autant plus que cette limite est formée par un vieux chemin vert, qui sépare partout le territoire de Sinceny de ceux de Pierremande et d'Autreville, et qui doit être antérieur à la division des paroisses. Si donc un palais royal avait existé en cet endroit, il aurait porté, non pas le nom d'Autreville, mais celui de Sinceny, connu dès l'an 664; ou bien, le nom de la villa, soit-disant royale, d'Autreville, aurait effacé celui de Sinceny.

Les hautes mottes, les fossés larges et profonds sont moins des restes de villas Carolingiennes, que des signes d'établissements plus récents. Jusqu'à la fin du règne de Charles-le-Chauve, les villas royales demeurèrent simplement fermées, non fortifiées; c'est-à-dire qu'elles étaient protégées, non pas contre des ennemis de guerre, mais seulement contre les importuns et les maraudeurs, soit par la rencontre des deux cours d'eau formant île ou presqu'île, suivant l'opinion exprimée ici par M. Peigné-Delacourt dans la séance du 8 février 1859, soit par une haie sèche ou vive, accompagnée, ou non, d'un petit fossé. Les tranchées de douze mètres de largeur, indiquent plutôt un château féodal ou un monastère. Le *Pistis castrum*, dont la chronique de Fontenelles fait mention en 855, ou le *Castellum novum apud Pistas*, dont il sera parlé en 873, n'était qu'un pont fortifié, accompagné d'un *heribergum*, et n'a jamais été appelé *villa regia* ni *palatium regium*.

Si, par la suite, les villas abandonnées par les rois, et cédées aux seigneurs, ont été converties en véritables forteresses, ces fortifications, communes à tous les manoirs seigneuriaux, et même aux monastères, ne peuvent plus être pour nous un signe distinctif d'une ancienne habitation royale.

En effet, un habitant du pays, interrogé par M. Peigné-Delacourt, regardait ces fossés comme l'œuvre d'anciens moines (Suppl., p. 74.)

De quels moines ? Etaient-ce les religieux de Barisis ou de St-Amand, qui possédaient des *petits lieux*, *appelés en Sinceny, locella noncupata in Cinciniaco*, d'après la Charte de l'an 664 ? En citant ce texte, je ne prétends pas que *locella* corresponde à *Loges*. *Locella* ne correspond ni à *Loges*, ni à *Logettes*. *Loge* et *Logette* expriment une habitation ; *locella*, des terrains de peu d'étendue, habités ou non. *Locellum : prædium, territorium (addition à Ducange).* Si donc l'on trouve sur le territoire d'Autreville un *bois des logettes*, il n'y a pas de raison de confondre ce lieu avec *locella in Cinciniaco*. Mais les *Loges de Sinceny* pourraient avoir été construites sur le terrain donné autrefois par le duc Foucauld sous le nom de *locella in Cinciniaco* ??

Etaient-ce les chanoines du chapitre de St-Quentin, auxquels le comte de Vermandois, Herbert III, donna ou confirma, vers l'an 1000, *fiscum unum nomine Cinciniacum*, et auxquels, en 1222, Renaud de Coucy, seigneur de Sinceny, reconnut la légitime possession des deux tiers des bois de Sinceny : *Recognosco quod duæ partes nemorum de Cinceni sunt Ecclesiæ Sancti Quintini (Hémeré, p. 214, et Instrum. p. 25.)*?

Etaient-ce les moines de Longpont, auxquels le chapitre de St-Quentin abandonna, en 1153, les terres qu'il possédait aux environs de Chauny, spécialement *Chinchinich et Altivillam (Colliette, t. 2, p. 325)*?

Etait-ce l'abbé de St-Nicolas-aux-Bois, auquel une part dans les bois de Sinceny fut laissée en vertu d'une sentence, en 1225 *(Hémeré, p.* 215)?

Ces deux mottes, isolées par des fossées infranchissables, et entourées de bois, n'étaient-elles pas une dépendance et un établissement de la Léproserie de Chauny, à laquelle Renaud de Coucy, seigneur de Sinceny, donna, en 1207, un bois appelé petit forestel : *Domui leprosorum de Calniaco nostrum nemus quod appellatur parvum forestellum (Coutume de Chauny, p.* 400)? Cette Léproserie était desservie par des frères et par des *sœurs :* cela n'expliquerait-il pas la division en deux compartiments, dont l'un aurait été occupé par les hommes malades, l'autre par les femmes?

On reconnait facilement les loges de Sinceny dans *la loge en Coulommier,* dont il est parlé dans un acte d'échange, entre Guillaume de Coucy et Jeanne de Flandres de l'année 1315 : Le seigneur de Coucy *baille* à sa grande tante *le bos que on dist le roy, derrière la loge en Coulommier, entre Sinceny et les bateys* (taillis, *Ducange)* de Sinceny *(diplôme inédit).* Mais le propriétaire de cette loge *en Coulommier* demeure inconnu.

Enfin, cette double enceinte n'aurait-elle pas été d'abord la *haute* et la *basse* cour, le manoir de ce Renaud, seigneur de Sinceny, nommé ci-dessus, et qui, dans son acte de résipiscence en faveur du chapitre de St-Quentin, s'exprime ainsi : *Forestellum, quod est circa domum meam mihi quiete remanet ; de aliis autem boscis universis, et de brosciis quæ non sunt tenentes magno bosco, et de magno forestello, similiter habebit capitulum duas partes, ego vero unam (Hémeré, p.* 214)? On voit qu'il y avait autour du manoir seigneurial de Sinceny, un grand et un petit forestel, et plusieurs autres bois, distincts du grand bois.

Dans la suite, les seigneurs de Sinceny auraient abandonné à des moines cette demeure malsaine, pour établir un château confortable à la place où il est aujourd'hui.

Ces dernières conjectures me paraissent soutenables, en attendant que de nouvelles recherches produisent quelque heureuse révélation.

Mais, dans aucune hypothèse, Autreville, si éloigné d'Arras, autour duquel Charles-le-Chauvre a passé l'automne de 867, ne peut être le *palatium regium*, où il a signé deux chartes vers le milieu de ce même automne.

Continuons de rechercher et d'examiner les textes favorables ou non à Autreville ou à Orville.

---

868. — Un an après les chasses de 867, le Roi revient encore chasser à *Audriaca villa (Ann. Berlin.)*. Suivons-le dès le point de son départ.

Dans le courant du mois de mai 868, Charles, venant d'Attigny, passe par les villas royales qui sont situées dans le Laonnois : *Per curtes regias in pago Laudunensi sitas pergens (ibid.)*.

Le 29 mai, d'après le témoignage d'une charte, il est à Quierzy *(D. Bouq, t. 8)*. Au milieu d'août, il vient à Pistes, puis à *Audriaca villa*, encore pour chasser : *Et inde Andriacamvillam, venandi gratia, perrexit (Ann. Berlin.)*. Ainsi, après avoir dit que le Roi a parcouru les villas royales du Laonnois, l'annaliste ajoute que Charles va à Pistes, et de là à *Audriacamvillam*. On voit qu'il ne s'agit plus d'une villa située dans le Laonnois. Évidemment *Audriaca villa*, nommé après les villas du Laonnois, et après Pistes, ne représente pas une villa du Laonnois.

Mais quelles étaient donc ces *curtes regiæ*, situées dans le Laonnois, par lesquelles passa le Roi, avant d'aller à Pistes et à *Audriacam villam*? Entre Attigny et Quierzy, sans avoir besoin de recourir à Autreville, nous trouvons dans le Laonnois assez d'étapes certaines, convenablement échelonnées : Corbeny, Samoussy, Versigny, Servais. Ne multiplions pas sans besoin les villas royales : trop rapprochées les unes des autres, elles se gêneraient et s'étoufferaient mutuellement. Ces palais champêtres, et leurs forêts, nous réclament de l'air et de l'espace.

---

871. — Dans le courant du mois d'août 871, le roi Charles, après avoir assisté au synode de Douzy, eut quelques jours d'entrevue avec son frère Louis, auprès de Maëstricht. Au commencement de septembre, il retourna, par Lestines, vers *Audriacam villam*, pour chasser. Ensuite, il se rendit par Reims à Besançon : *Carolus, per Liptinas, versus Audriacam villam, venandi gratia repedavit (Ann. Bertin.).*

De Lestines, le roi n'a-t-il pas dû suivre sa route ordinaire et favorite, celle qui passe par Saint-Quentin et Servais ? Et, puisque, avant d'arriver à Reims, il a rencontré un *Audriaca villa*, n'est-ce pas Autreville près Servais ? Tel est, en substance, le raisonnement de M. Marville (*Etude*, p. 17).

Pour s'autoriser de la route ordinaire de Charles, et introduire *Audriaca villa* entre Saint-Quentin et Reims, il faudrait montrer plusieurs autres voyages dans lesquels le roi se serait rendu de Saint-Quentin à Reims, en passant par Servais. Mais il n'en existe pas. Toutes les fois que le royal voyageur passe par Saint-Quentin et Servais, il se dirige vers Compiègne, et non sur Reims. On ne peut donc pas invoquer ici la raison de coutume et de prédilection, pour décider le point litigieux du voyage de 871.

La position d'*Audriaca villa*, qui est nommé après Maëstricht et Lestines, doit être déterminée par la direction de Maëstricht à Lestines. Maëstricht est un point de départ; Lestines est un point de passage : *per Liptinas*, où le roi ne s'arrête pas ; *Audriaca villa* est un but et un point d'arrêt : *versus Audriacam villam, venandi gratia.* Maëstricht est situé au pays de Liége; Lestines est près de Binche en Hainaut, au sud-ouest de Maëstricht. Or, en partant de Maëstricht et en se dirigeant par Lestines, on entre dans la route de Bavay, Cambrai, Arras, qui conduit droit à Orville (*Itinéraire d'Antonin. — Table Théod; — Walckenaer*, t. III, p. 62 et 63). Pour descendre à Autreville, il faudrait faire un coude, soit à Bavay, soit à Cambrai, ce qui ne s'accorde pas avec les expressions du texte : *per Liptinas, versus Audriacam villam. Audriaca villa*, terme d'un premier voyage, et point de départ d'un second, ne doit pas seulement être en rapport avec Reims et Besançon ; il doit encore s'aligner avec Lestines et Maëstricht. Orville seul remplit exactement ces deux conditions.

———————

873. — Dans deux précédents voyages de Pistes à *Audriaca villa*, en 865 et en 868, les points intermédiaires n'étaient pas marqués, et leur absence ne permettait pas de formuler un argument positif en faveur d'Orville. Mais dans un troisième voyage sur la même voie, nous allons rencontrer un jalon qui déterminera infailliblement la direction et le terme cherchés.

Charles, dit l'annaliste de St-Bertin, passant par le Mans, par Evreux et contre le nouveau château de Pistes, arriva à Amiens le 1er novembre ; et, de là, tout en se livrant à la chasse *apud Audriacam villam* et aux environs, il se rendit au monastère de Saint-Wast : *Carolus, mense octobrio, per Cenomannis civitatem et Ebroicense oppidum, ac secus castellum novum apud Pistas, Ambianis Kalendis novembris pervenit. Indeque apud Audriacam villam ac circumcirca venationem exercens, ad monasterium sancti Vedasti pervenit.* Ici il n'y a plus d'hésitation permise ; la route est tracée avec précision ; impossible cette fois de songer à placer le monastère de Saint-Wast ailleurs qu'à Arras ; impossible de ne pas mettre *Audriaca villa* entre Amiens et Arras, c'est-à-dire à Orville.

Or, les circonstances de la chasse de 873 sont semblables à celles présentées par le texte de 867 , sur lequel principalement a été appelée notre attention, savoir : saison d'automne , chasse à *Audriaca villa* et aux environs, présence du roi au monastère de Saint-Wast, enfln expressions presque identiques. Si donc ici, dans *Audriaca villa*, il faut voir Orville, là également, dans *Audriaca villa*, il fallait voir Orville.

877, 5 mai. — Dans un diplôme de cette date, Charles-le-Chauve accorde ou confirme à l'abbaye de Saint-Corneille de Compiègne, la possession de plusieurs villas situées dans différents pays ; il ajoute la dîme de plusieurs fiscs, et *duas partes decimæ de Andriaca villa, Dorlendo, Creolicomno, Ferrariis, Cincinniaco, Aminiaco, Vienna, Roseto, Salmontiaco,* etc. (*De Re diplom.* p.404).

En tête de cette énumération, on voit *Andriaca villa ;* c'est évidemment pour *Audriaca villa ;* et l'on remarque ensuite les noms de localités voisines d'Autreville, savoir : Sinceny, Amigny. Qui ne serait tenté de prendre *Audriaca villa* pour Autreville? Mais cet *Audriaca villa* est justement placé à côté de *Dorlendo ;* or, *Dorlendum* est Doullens proche d'Orville. Ainsi le rapprochement de ces noms est plutôt favorable à Orville.

877, 14 juin. — Dans le fameux article 32e du Capitulaire de 877, rédigé à Quierzy, Charles défend à son fils Louis , pendant son absence, de prendre des sangliers *in Odreia villa*, et d'y chasser, si ce n'est en passant, *nisi in transeundo*.

Ce même article désigne aussi Quierzy, Servais *avec tout le Laonnois,* Compiègne avec la forêt de Cuise, Samoussy, Attigny, Ver, l'Ardenne, Héristal, Lens, Crécy, la forêt dé Laigue, et plusieurs autres lieux, dont la position est inconnue ou douteuse. Ces noms de lieux et de forêts étant placés pêle-mêle, nous ne pouvons pas invoquer l'ordre d'appel, pour déterminer la position d'*Odreia villa*. Mais l'expression *Silvacus cum toto Laudunensi* nous oblige de place: *Odreia villa* hors de la forêt Laonnoise. et par conséquent ailleurs qu'à Autreville.

J'ai présenté autrefois au Comité de Noyon, au sujet de ces mots *Silvacus cum toto laudunensi*, une explication que M. Marville a confirmée par ses propres observations. *Totum Laudunense* ajouté à *Silvacus*, ne peut pas représenter *tout* le pays laonnois, puisque le pays laonnois n'était pas entièrement couvert de forêts, et puisqu'il n'appartenait pas tout entier au domaine royal. Samoussy, qui est aussi du Laonnois, se trouve nommé séparément; or, qui a dit *tout* n'a plus besoin de nommer une partie. De même donc que *Compendium cum Causia*, signifie Compiègne avec toute la forêt adjacente, de même *Silvacus cum toto Laudunensi* doit signifier Servais avec tout le canton boisé qui l'avoisine dans le Laonnois, ou la forêt laonnoise, dont une partie porte encore aujourd'hui le nom de *Lannois*. Un hameau de Servais s'appelle *rue de Lannois*. Or, ce canton boisé, pris dans sa totalité, comprend au moins la forêt basse de Coucy, laquelle touche en effet à Servais. Autreville est sur le bord de cette forêt. Si *Odreia villa* était Autreville, il faudrait lui trouver sa forêt propre dans la forêt de Coucy; mais la place est prise et assignée à Servais. Il faut donc que *Odreia villa* s'en aille loger ailleurs. Il trouvera place libre et bon accueil à Orville.

877, octobre. — Le prince Louis n'ayant point la permission de chasser ni à Quierzy, ni à Servais, ni dans toute la forêt laonnoise, dut aller prendre autre part ses divertissements. On lui avait laissé la faculté de chasser en passant *in Odreia villa*. Nous allons l'y rencontrer.

L'on sait que Charles-le-Chauve, après l'assemblée de Quierzy, du 14 juin 877, partit pour l'Italie, d'où il ne devait pas revenir. Il mourut le 6 octobre dans une pauvre cabane, sur le revers gaulois du Mont-Cenis. Ses gens embaumèrent son corps, espérant le transporter à Saint-Denys. Mais la putréfaction, rebelle à tous les expédients, obligea d'enfouir la royale dépouille à Nantua. La nouvelle de la mort du roi parvint à son fils Louis, dit le bègue, au moment où il se trouvait *in Audriaca villa*. Ce prince, persuadé que le corps du roi allait être transporté, selon l'usage, au monastère de Saint-Denys, quitte *Audriaca villa*, passe par Quierzy, Compiègne, et il s'arrête à Ver ou à Verneuil, où il apprend que la sépulture de son père est accomplie (*Ann. Bertin.*)

Ce passage des Annales semblerait au premier coup d'œil favorable à Autreville. Autreville n'est pas éloigné de Quierzy, et il s'aligne assez bien avec Compiègne et avec St Denys, vers lequel tendait le fils de Charles, tandis que Orville, Quierzy et Saint-Denys forment une ligne brisée. Louis devait être pressé d'arriver; et, s'il était parti d'Orville, il n'aurait pas passé par Quierzy pour se rendre à la cérémonie funèbre de St Denys. L'objection est spécieuse; elle mérite et exige une réponse développée.

1° La voie d'Orville à Saint-Denys, par Quierzy, n'est pas en effet rectiligue; mais elle n'est que légèrement inclinée; et elle pouvait être alors meilleure et plus praticable que toute autre.

2° Louis n'était pas obligé par le défaut de temps, de prendre la voie la plus directe pour arriver à Saint-Denys. Les lenteurs présumées d'un convoi solennel laissaient au Prince une grande latitude.

3° Louis a pu d'abord avoir l'intention d'aller au devant du corps de son père, et alors, pour le Prince partant d'Orville vers le Sud, Quierzy se trouvait naturellement sur la route.

4° Il pouvait encore présumer que le convoi passe-

rait par Quierzy, la route directe n'étant pas pratic-
cable, ou n'étant pas semée de demeures royales
comme celle, demi-circulaire, qui passait par Quierzy. En effet, l'année précédente, le roi Charles lui-
même était revenu de l'Italie par le circuit de Reims,
Compiègne et Saint-Denys, quoique l'annaliste remarque qu'il *accéléra* sa marche, afin d'arriver pour la
fête de Pâques à St Denys; or ce circuit comprend,
dans sa courbe régulière, Corbeny, Samoussy, Servais et Quierzy. Et autrefois, sous le règne de Pépin,
le Pape Etienne II, se transportant de Rome à St
Denys, ne s'est-il pas arrêté à Quierzy?

Arrivé à Quierzy, et ne voyant rien venir, Louis,
soit qu'il eût présumé que le convoi avait pris une
autre direction, soit qu'il eût voulu simplement con-
tinuer sa route vers St Denys, aurait suivi la rive de
l'Oise, jusqu'à ce qu'il apprît enfin que le corps de
son père avait été enterré provisoirement au pied des
Alpes.

Mais, 5°, ne nous faisons pas illusion sur les empres-
sements de la piété filiale. Les Annales nous appren-
nent que le nouveau roi avait d'autres préoccupa-
tions. C'est à tort que la Chronique française de St
Denys nous dit que *Looys moult se hastoit;* car les
chroniques latines et primitives, dont celles de St
Denys ne sont que des traductions souvent infidèles,
ne disent pas cela. Si *Moult* il *se hastoit*, c'était d'en-
trer en jouissance de son pouvoir, et de se débarras-
ser de la longue tutelle qui lui avait été imposée.
Son premier soin, à la nouvelle de la mort de son
père, est de se faire des amis et des créatures, en distribuant aux solliciteurs des abbayes, des comtés et
des villas : *Accepto nuncio in Audriaca villa de morte
patris sui Caroli, quos potuit conciliavit sibi, dans eis
abbatias et comitatus et villas, secundum uniuscujusque
postulationem (Ann. Bertin.).* La villa de Quierzy surtout appelait son attention ; il avait hâte de prendre
possession de cet intéressant domaine, ou d'y instal-
ler un protégé ou un protecteur. C'était là que le roi

défunt avait dressé son dernier capitulaire, dont certains articles l'intéressaient personnellement, spécialement celui qui réglait l'institution d'un conseil de régence. Louis pouvait croire que la minute du capitulaire était encore déposée à Quierzy.

Toutes ces raisons justifient au besoin et expliquent abondamment un léger détour dans le voyage d'Orville à St Denys.

---

878 — *Ludovicus Rex secus Suessionnis in monasterio sancti Medardi nativitatem domini celebravit, indeque ad Audriacam villam perrexit, et Pascha domini in monasterio sancti Dionysii celebravit (Ann. Bertin).* Louis-le-Bègue célébra la fête de Noël à St Médard près de Soissons, la fête de Pâques à St-Denys, et entre ces deux fêtes, il alla à *Audriacam villam*. De Noël à Pâques il a eu le temps largement suffisant pour faire une excursion jusqu'à Orville. L'expression *perrexit* s'accommode avec un long trajet.

Le Roi donc a été de St Médard à Orville, et d'Orville à St Denys. Ce sont deux voyages consécutifs, et voilà tout. D'ailleurs Autreville n'est pas plus qu'Orville sur le chemin de Soissons à St Denys.

Dans l'examen de chacun des documents trouvés, nous avons vu que les uns nous obligent nécessairement de placer à Orville les diverses variantes d'*Autreivilla*, et que les autres, qui ne fournissent pas de preuves positives en faveur d'Orville, n'en fournissent pas non plus en faveur d'Autreville. Ce doit être assez pour assurer la possession au premier.

Ce n'est pas que je prétende que les rois carlovingiens n'aient jamais passé auprès d'Autreville. Je pense au contraire qu'ils ont souvent traversé ou cotoyé ce territoire ; et cela me fournit une nouvelle preuve en faveur d'Orville. Les courses de Charles-le-Chauve, de Saint-Quentin, ou d'Attigny, ou de Reims, à Compiègne, par Servais et Quierzy, sont souvent mentionnées dans l'histoire. Vingt fois ces lieux et les demeures royales qui s'y trouvent, ont été clairement désignés. Vingt fois Charles a passé à côté d'Autreville, sur la route Carlovingienne entre Servais et Quierzy. Autant de fois donc l'occasion s'est présentée de nommer *Audriaca villa* ou *Autreivilla*, si Autreville avait été la villa royale désignée par ces noms; et pourtant pas une seule fois, dans ces circonstances favorables, *Audriaca* ou *Autreivilla* ne viennent nous montrer leur figure. Ces noms n'apparaissent que quand les tenants connus et certains nous rapprochent d'Orville.

Je termine cette trop longue discussion. Si mes laborieux efforts n'ont pas l'avantage de convaincre les savants et consciencieux protecteurs d'Autreville, j'excuserai ma folle entreprise, en dénonçant d'honorables complices : Jacques Sirmond, Aubert le Mire, Pierre Bertius, Jean Mabillon, Michel Germain, Martin Bouquet, Nicolas Grenier, et Henri de Pertz, qui tous, entraînés, non par la figure des mots, mais, malgré cette figure, par la seule force des circonstances, ont appliqué à Orville, ou au moins à un lieu placé entre Amiens et Arras, les diverses variantes qui leur sont tombées sous la main, d'*Audriaca villa*, et même *Autreivilla*.

A défaut d'ancien palais, l'intéressante commune d'Autreville peut revendiquer d'autres titres d'honneur incontestés.

Le château de l'Aventure, qui s'élève à l'autre extrémité de son territoire, est habité depuis longtemps par une famille distinguée, qui a compté dans l'armée, dans la magistrature, dans les lettres, dans les sciences naturelles et dans la diplomatie d'illustres représentants.

C'est dans ce château, à l'ombre des sapins toujours verts, ou sous les larges rameaux d'un cèdre transplanté du Liban, que M. le Baron Alexandre de Théis, partageant ses rares loisirs entre l'étude de la nature et celle de l'homme, composait son *Glossaire de Botanique*, riche produit d'un travail opiniâtre, et recueillait patiemment les éléments de ces lettres romaines, à la fois scientifiques et classiques, qui nous initient à la vie intime du peuple-roi, sous le titre de *Voyage de Polyclète*, ouvrage traduit dans toutes les langues de l'Europe, et même en langue arménienne.

Là se voit l'un des plus curieux et des plus riches musées de France, que son heureux fondateur et propriétaire se fait un plaisir de montrer aux visiteurs, en les accueillant avec cette affabilité simple et aimable, qui est l'apanage de la véritable noblesse, et qui est héréditaire dans la famille de Théis.

L'on pourrait encore montrer à Autreville, sur les hauteurs mêmes de l'Aventure, les traces d'un vaste camp qui dominait la vallée de Chauny, et dont l'origine pourrait être un sujet intéressant de recherches. Je laisse à d'autres la bonne fortune de la découvrir.

Th. CARLET.

Noyon. — Typ.. D. Andrieux.